W0216896

Kay-Henner Menge

Fruchtgummis
selbst gemacht

südwest

Inhalt

An die Töpfe, fertig, los …

Mit einer digitalen Küchenwaage und einem Messbecher mit Milliliterskala lassen sich die Zutaten exakt abmessen. Nicht wackeln: Motivformen achtsam ins Stärkebett stempeln.

Es gibt nur wenige Dinge, die man bei der Fruchtgummiherstellung beachten muss:

1. Zuerst wird ein Backblech (ca. 40 x 30 cm) 2 Zentimeter dick mit 750 Gramm Speisestärke bestreut. Nun die Stärke am besten mit einem Pfannenwender verstreichen und leicht andrücken. Wenn möglich, das Blech für mindestens 30 Minuten in den Kühlschrank stellen.

2. Nun nach Rezept die Fruchtgummimasse kochen. **Hierbei ganz genau arbeiten!** Es empfiehlt sich, feste Zutaten mit einer Digitalwaage abzuwiegen, flüssige Zutaten in einem kleinen Messbecher mit Milliliterskala abzumessen.

3. Zum Kochen am besten einen kleinen Stieltopf benutzen. Wenn nicht anders angegeben, wird die Masse offen gekocht. Bei weiten Töpfen hätte die Masse eine zu große Oberfläche, und zu viel Flüssigkeit würde verdampfen. Angegebene Zeiten einhalten, lieber etwas länger als kürzer kochen.

4. Die Fruchtgummimasse muss im Topf auf Körpertemperatur abkühlen; dabei gelegentlich mit einem Löffel oder Teigschaber rühren. Beim Rühren mit einem Schneebesen entstehen ungewollte Luftblasen in der Fruchtgummimasse.

5. Inzwischen die Motive in die Speisestärke stempeln. Stempel fest in die Stärke drücken, sodass das Motiv ganz eingetaucht wird. Hierbei darauf achten, dass unter dem Stempel genügend Stärke verbleibt, sodass die Masse nicht davonlaufen kann. Dann die Stempel mit ruhiger Hand möglichst senkrecht

nach oben herausheben, damit die Seitenwände nicht einstürzen. Motive nicht zu dicht nebeneinander stempeln, sonst verschiebt sich die Stärke. Stempel nach jedem Abdruck mit einem trockenen (!) Pinsel kurz abstauben. **Tipp: Vor der ersten Fruchtgummiproduktion das Blech zwei- oder dreimal zur Probe stempeln!**

6. Nun prüfen, ob die Masse Körpertemperatur erreicht hat. **Tipp: Einen Finger eintauchen. Es darf kein großer Temperaturunterschied zu fühlen sein.** Die Masse darf nicht zu heiß sein, sonst legt sich ein Stärkemantel um das Fruchtgummi, der sich nur schwer entfernen lässt. Ist die Masse zu warm, kann man sie im Wasserbad herunterkühlen. Dabei immer mit einem Löffel oder Teigschaber rühren, sonst wird die Masse am Topfrand bereits fest. Ist die Masse zu fest, kann sie unter Rühren wieder erwärmt werden.

7. Masse in den Messbecher geben und rasch in die Förmchen verteilen. Blech in den Kühlschrank stellen. Nach 3 Stunden prüfen, ob sich die Fruchtgummis aus der Stärke heben lassen. Anhängende Stärke mit einem trockenen (!) Pinsel entfernen. Fruchtgummis mit der Stärkeseite nach unten auf einem Teller weitere 3 Stunden fest werden lassen. Wenn das Blech nicht in den Kühlschrank passt, werden die Fruchtgummis auch im kühlsten Zimmer fest, es dauert nur länger. **Tipp: Nicht jedes Agar Agar geliert gleich, deswegen kann es sein, dass die Fruchtgummis weich bleiben. Darum bitte der Packungsanweisung genau folgen und die angegebene Menge im Fruchtgummirezept eventuell umrechnen.**

8. Fertige Fruchtgummis am besten in festschließenden Kunststoffdosen im Kühlschrank aufbewahren.

Abgekühlte Fruchtgummimasse behutsam in die Förmchen gießen. Fruchtgummis nach dem Erstarren vorsichtig herausheben und abpinseln.

Zutatenliste

Auf jeder Fruchtgummipackung, die Sie im Laden kaufen können, finden Sie eine Zutatenliste. Wer seine Fruchtgummis jedoch selbst herstellt, weiß ganz genau, was drinsteckt! Hier ein paar Informationen zu den wichtigsten Rezeptzutaten in diesem Buch:

Je nach Größe der ausgewählten Form ergibt jedes Rezept 15 bis 20 Fruchtgummis. Alle Rezepte lassen sich mit allen Stempeln zubereiten, die angegebenen Motive sind nur Vorschläge.

Agar Agar ist ein pflanzliches, geschmacksneutrales Bindemittel, das aus Algen gewonnen wird. Die Gelierkraft des hellen Pulvers ist abhängig vom Säuregehalt, deswegen braucht man für säurereiche Fruchtgummis etwas mehr Agar Agar als für säurearme. Das hitzestabile Geliermittel muss immer eine Zeit lang kochen, bevor es beim Abkühlen geliert, also fest wird. Sie bekommen Agar Agar (z. B. von Rapunzel) im Naturkostladen oder im Reformhaus.

Apfelpektin ist ein pflanzlicher Festmacher aus den Schalen knapp reifer, säuerlicher Äpfel. Es gibt auch Pektin anderer Herkunft, z. B. aus Zitrusfrüchten. In Verbindung mit Zucker und Säure festigt der pflanzliche Ballaststoff die Fruchtgummimasse. In den Rezepten wird das beigefarbene Pulver stets mit etwas Zucker gemischt, damit es bei der Zugabe zur kochenden Fruchtgummimasse keine Klümpchen bildet. Pektin erhalten Sie im Naturkostladen oder im Reformhaus.

Dicksaft ist ein durch Eindampfen von Fruchtsaft gewonnenes Konzentrat. Es zeichnet sich durch einen höheren Gehalt an Aromastoffen und Zucker aus (aufgrund des reduzierten Wassergehalts). **Agavendicksaft** ist ein geschmacksneutrales Süßungsmittel, das aus den Blättern der mexikanischen Agave hergestellt wird. Der honigähnliche Dicksaft besteht zu rund 75 Prozent aus Kohlenhydraten. Den größten Anteil nimmt Fruktose (Fruchtzucker) ein. Sie verleiht dem Dicksaft einen intensiven süßen Geschmack. Im **Apfeldicksaft** ist die natürliche Süßkraft des Apfelsafts konzentriert, Aroma und Inhaltsstoffe bleiben beim Eindampfen weitgehend erhalten. Beide Dicksäfte können Sie im Naturkostladen oder im Reformhaus kaufen.

Honig besteht zu etwa 75 Prozent aus einem Zuckergemisch von Glukose und Fruktose. Wird er zum Süßen verwendet, entscheidet man sich am besten für Honig mit einem zarten Aroma (z. B. Akazienhonig). Soll er dagegen das Fruchtgummi aromatisieren, eignet sich ein Honig mit kräftigem Aroma (beispielsweise Wildblütenhonig).

Zitronensäure ist ein Säuerungsmittel, das in Form von Kristallen der Fruchtgummimasse zugegeben wird. Einerseits verleiht Zitronensäure den Fruchtgummis die typische Säure, andererseits verbessert sie die Gelierkraft von Pektin. Zitronensäure gibt es in kleinen Päckchen zu 5 Gramm Inhalt im gut sortierten Supermarkt zu kaufen.

Feine Fruchtgummis

Probieren Sie schnell eines der frisch eingetroffenen Rezepte aus und entdecken Sie ganz neue Fruchtgummikreationen! Denn goldene Sanddornbärchen, fruchtige Himbeersterne oder zarte Holunderblütenblumen finden Sie nicht im Supermarktregal.

Sanddorn-Honig-Bärchen

Für ca. 200 Gramm Fruchtgummi

150 ml Apfel-Sanddorn-Saft (z. B. von Voelkel)

4 EL flüssiger Honig

3 g Agar Agar (z. B. von Rapunzel)

2 g Zitronensäure

1 TL Zucker

3 g Apfelpektin

Zubereitungszeit: ca. 30 Minuten (plus Wartezeiten)

Zubereitung

✷ Apfel-Sanddorn-Saft, Honig, Agar Agar und Zitronensäure in einem kleinen Topf mit einem Schneebesen verrühren, aufkochen und 4 Minuten bei milder Hitze kochen lassen.

✷ Inzwischen Zucker und Pektin mischen, mit dem Schneebesen unterrühren und erneut aufkochen. 1 weitere Minute kochen lassen. Fruchtgummimasse abkühlen lassen (siehe Einleitung Seite 5).

✷ Fruchtgummimasse in die vorbereiteten Förmchen geben (siehe Einleitung Seite 5). Im Kühlschrank 3 Stunden abkühlen lassen.

✷ Bärchen vorsichtig aus den Formen heben, Stärke mit einem Pinsel entfernen und die Bärchen auf einem Teller weitere 3 Stunden fest werden lassen.

Tipp *Sanddornbeeren enthalten pro 100 Gramm zwischen 200 und 900 Milligramm Vitamin C. Aufgrund dieses hohen Vitamin-C-Gehaltes wird Sanddorn unter anderem bei Erkältungskrankheiten empfohlen.*

Coole Himbeersterne

Zubereitung

✸ Apfelsaft, 3 Esslöffel Wasser, Himbeersirup, Agar Agar und Zitronensäure in einem kleinen Topf mit einem Schneebesen verrühren, aufkochen und 4 Minuten bei milder Hitze kochen lassen.

✸ Inzwischen Zucker und Pektin mischen, mit dem Schneebesen unterrühren und erneut aufkochen. 1 weitere Minute kochen lassen. Fruchtgummimasse abkühlen lassen (siehe Einleitung Seite 5).

✸ Fruchtgummimasse in die vorbereiteten Förmchen geben (siehe Einleitung Seite 5). Im Kühlschrank 3 Stunden abkühlen lassen.

✸ Sterne vorsichtig aus den Formen heben, Stärke mit einem Pinsel entfernen und die Sterne auf einem Teller weitere 3 Stunden fest werden lassen.

Für ca. 200 Gramm Fruchtgummi

120 ml klarer Apfelsaft

6 EL Himbeersirup (z. B. von Voelkel)

3 g Agar Agar (z. B. von Rapunzel)

3 g Zitronensäure

20 g Zucker

3 g Apfelpektin

Zubereitungszeit: ca. 30 Minuten (plus Wartezeiten)

Holunderblütenblumen

Für ca. 200 Gramm Fruchtgummi

120 ml weißer Traubensaft

6 EL Holunderblütensirup (z.B. von Voelkel)

4 g Agar Agar (z.B. von Rapunzel)

3 g Zitronensäure

20 g Zucker

3 g Apfelpektin

Zubereitungszeit: ca. 30 Minuten (plus Wartezeiten)

Zubereitung

* Traubensaft, Holunderblütensirup, Agar Agar und Zitronensäure in einem kleinen Topf mit einem Schneebesen verrühren, aufkochen und 4 Minuten bei milder Hitze kochen lassen.

* Inzwischen Zucker und Pektin mischen, mit dem Schneebesen unterrühren und erneut aufkochen. 1 weitere Minute kochen lassen. Fruchtgummimasse abkühlen lassen (siehe Einleitung Seite 5).

* Fruchtgummimasse in die vorbereiteten Förmchen geben (siehe Einleitung Seite 5). Im Kühlschrank 3 Stunden abkühlen lassen.

* Blumen vorsichtig aus den Formen heben, Stärke mit einem Pinsel entfernen und die Blumen auf einem Teller weitere 3 Stunden fest werden lassen.

Tipp *Die süßen Fruchtgummis eignen sich übrigens auch als Dekoration für den Geburtstagskuchen! Den Kuchen oder das Gebäck einfach mit einer Puderzucker- oder Schokoladenglasur bestreichen und die Fruchtgummis dekorativ darauf setzen.*

Apfel-Grenadine-Hasen

Für ca. 200 Gramm Fruchtgummi

150 ml klarer Apfelsaft

4 EL Grenadine (Granatapfelsirup, z. B. von Voelkel)

3 g Agar Agar (z. B. von Rapunzel)

2 g Zitronensäure

25 g Zucker

3 g Apfelpektin

Zubereitungszeit: ca. 30 Minuten (plus Wartezeiten)

Zubereitung

✸ Apfelsaft, Grenadine, Agar Agar und Zitronensäure in einem kleinen Topf mit einem Schneebesen verrühren, aufkochen und 4 Minuten bei milder Hitze kochen lassen.

✸ Inzwischen Zucker und Pektin mischen, mit dem Schneebesen unterrühren und erneut aufkochen. 1 weitere Minute kochen lassen. Fruchtgummimasse abkühlen lassen (siehe Einleitung Seite 5).

✸ Fruchtgummimasse in die vorbereiteten Förmchen geben (siehe Einleitung Seite 5). Im Kühlschrank 3 Stunden abkühlen lassen.

✸ Hasen vorsichtig aus den Formen heben, Stärke mit einem Pinsel entfernen und die Hasen auf einem Teller weitere 3 Stunden fest werden lassen.

Tipp *Diese süßen Häschen sind ein ideales Ostergeschenk: Einfach in einen Zellophanbeutel geben, diesen mit einem bunten Band verschließen und ein Schildchen mit der Aufschrift »Frohe Ostern« dekorativ anbringen.*

Cappuccino-Blüten

Zubereitung

✱ Kaffeepulver in 80 Milliliter kochend heißem Wasser auflösen. Mit Kondensmilch, Karamellsirup und Agar Agar in einem kleinen Topf mit einem Schneebesen verrühren, aufkochen und 4 Minuten bei milder Hitze kochen lassen.

✱ Inzwischen Zucker und Pektin mischen, mit dem Schneebesen unterrühren und erneut aufkochen. 1 weitere Minute kochen lassen. Fruchtgummimasse abkühlen lassen (siehe Einleitung Seite 5).

✱ Fruchtgummimasse in die vorbereiteten Förmchen geben (siehe Einleitung Seite 5). Im Kühlschrank 3 Stunden abkühlen lassen.

✱ Blüten vorsichtig aus den Formen heben, Stärke mit einem Pinsel entfernen und die Blüten auf einem Teller weitere 3 Stunden fest werden lassen.

Tipp *Es muss nicht immer Kuchen zum Kaffeeklatsch sein – bieten Sie Ihren Gästen doch einmal diese aromatischen Fruchtgummis an!*

Für ca. 200 Gramm Fruchtgummi

1–2 EL Instantkaffeepulver

100 ml Kondensmilch (10 % Fett)

4 EL Karamellsirup (z. B. von gepa)

4 g Agar Agar (z. B. von Rapunzel)

1 TL Zucker

3 g Apfelpektin

Zubereitungszeit: ca. 30 Minuten (plus Wartezeiten)

Sweet 'n' sour

Egal, ob Sie sich die dunklen Johannisbeerherzen »French Kiss« auf der Zunge zergehen lassen oder bei exotischen Kokossternen von der Karibik träumen – diese süß-sauren Rezeptideen werden Sie begeistern.

Rhabarber-Erdbeer-Valentines (Herzen und Blumen)

Für ca. 200 Gramm Fruchtgummi

150 ml Rhabarber-Erdbeer-Saft (z. B. von Voelkel)

1 EL Himbeersirup (z. B. von Voelkel)

3 EL Agavendicksaft (Naturkostladen)

3 g Agar Agar (z. B. von Rapunzel)

2 g Zitronensäure

1 TL Zucker

3 g Apfelpektin

Zubereitungszeit: ca. 30 Minuten (plus Wartezeiten)

Zubereitung

✸ Rhabarber-Erdbeer-Saft, Himbeersirup, Agavendicksaft, Agar Agar und Zitronensäure in einem kleinen Topf mit einem Schneebesen verrühren, aufkochen und 4 Minuten bei milder Hitze kochen lassen.

✸ Inzwischen Zucker und Pektin mischen, mit dem Schneebesen unterrühren und erneut aufkochen. 1 weitere Minute kochen lassen. Fruchtgummimasse abkühlen lassen (siehe Einleitung Seite 5).

✸ Fruchtgummimasse in die vorbereiteten Förmchen geben (siehe Einleitung Seite 5). Im Kühlschrank 3 Stunden abkühlen lassen.

✸ Herzen und Blumen vorsichtig aus den Formen heben, Stärke mit einem Pinsel entfernen und die Valentines auf einem Teller weitere 3 Stunden fest werden lassen.

Exoten-Kokos-sterne

Für ca. 200 Gramm Fruchtgummi

100 ml Mango-Maracuja-Smoothie (Kühlregal, z. B. innocent)

6 EL ungesüßte Kokosmilch

4 EL Agavendicksaft (Naturkostladen)

4 g Agar Agar (z. B. von Rapunzel)

2 EL Limettensaft

1 TL Zucker

3 g Apfelpektin

Zubereitungszeit: ca. 30 Minuten (plus Wartezeiten)

Zubereitung

✸ Smoothie, Kokosmilch, Agavendicksaft, Agar Agar und Limettensaft in einem kleinen Topf mit einem Schneebesen verrühren, aufkochen und 4 Minuten bei milder Hitze kochen lassen.

✸ Inzwischen Zucker und Pektin mischen, mit dem Schneebesen unterrühren und erneut aufkochen. 1 weitere Minute kochen lassen. Fruchtgummimasse abkühlen lassen (siehe Einleitung Seite 5).

✸ Fruchtgummimasse in die vorbereiteten Förmchen geben (siehe Einleitung Seite 5). Im Kühlschrank 3 Stunden abkühlen lassen.

✸ Sterne vorsichtig aus den Formen heben, Stärke mit einem Pinsel entfernen und die Sterne auf einem Teller weitere 3 Stunden fest werden lassen.

Tipp *Schmeckt auch mit Erdbeer-Smoothie.*

Johannisbeerherzen »French Kiss«

Für ca. 200 Gramm Fruchtgummi

150 ml schwarzer Johannisbeersaft

4 EL Cassissirup (schwarzer Johannisbeersirup, z. B. von Voelkel)

3 g Agar Agar (z. B. von Rapunzel)

2 g Zitronensäure

25 g Zucker

3 g Apfelpektin

Zubereitungszeit: ca. 30 Minuten (plus Wartezeiten)

Zubereitung

✸ Johannisbeersaft, Cassissirup, Agar Agar und Zitronensäure in einem kleinen Topf mit einem Schneebesen verrühren, aufkochen und 4 Minuten bei milder Hitze kochen lassen.

✸ Inzwischen Zucker und Pektin mischen, mit dem Schneebesen unterrühren und erneut aufkochen. 1 weitere Minute kochen lassen. Fruchtgummimasse abkühlen lassen (siehe Einleitung Seite 5).

✸ Fruchtgummimasse in die vorbereiteten Förmchen geben (siehe Einleitung Seite 5). Im Kühlschrank 3 Stunden abkühlen lassen.

✸ Herzen vorsichtig aus den Formen heben, Stärke mit einem Pinsel entfernen und die Herzen auf einem Teller weitere 3 Stunden fest werden lassen.

Tipp *Verführerisch mit etwas Alkohol werden die Herzen, wenn Sie die Hälfte vom Cassissirup durch Crème de Cassis (französischer Johannisbeerlikör) ersetzen. Diesen am Ende von Schritt 2 zugeben.*

Saure Beeren

Für ca. 200 Gramm Fruchtgummi

150 ml weißer Traubensaft

4 EL Agavendicksaft (Naturkostladen)

4 g Agar Agar (z. B. von Rapunzel)

5 g Zitronensäure

20 g Zucker

3 g Apfelpektin

Zubereitungszeit: ca. 30 Minuten (plus Wartezeiten)

Zubereitung

✸ Saft, Dicksaft, Agar Agar und Zitronensäure in einem Topf verrühren, aufkochen und 4 Minuten leicht kochen lassen.

✸ Zucker und Pektin mischen, mit einem Schneebesen unterrühren und erneut aufkochen. 1 weitere Minute kochen lassen. Masse abkühlen lassen, dann in die vorbereiteten Förmchen geben (siehe Einleitung Seite 5). Im Kühlschrank 3 Stunden abkühlen lassen.

✸ Beeren vorsichtig aus den Formen heben, Stärke mit einem Pinsel entfernen und die Beeren auf einem Teller weitere 3 Stunden fest werden lassen.

Tipp *Die sauren Beeren in einen Zellophanbeutel geben, diesen mit einem bunten Band verschließen und ein Schildchen mit der Aufschrift »Nervennahrung« anbringen – darüber freuen sich alle im Schul- oder Prüfungsstress.*

Orangen-Eierlikör-Hasen

Für ca. 200 Gramm Fruchtgummi

- 100 ml Orangensaft
- 2 EL Limettensirup
- 2 EL Agavendicksaft (Naturkostladen)
- 4 g Agar Agar (z. B. von Rapunzel)
- 1 TL Zucker
- 3 g Apfelpektin
- 4 EL Eierlikör

Zubereitungszeit: ca. 30 Minuten (plus Wartezeiten)

Zubereitung

✸ Orangensaft, Limettensirup, Agavendicksaft und Agar Agar in einem kleinen Topf mit einem Schneebesen verrühren, aufkochen und 4 Minuten bei milder Hitze kochen lassen.

✸ Inzwischen Zucker und Pektin mischen, mit dem Schneebesen unterrühren und erneut aufkochen. 1 weitere Minute kochen lassen. Eierlikör unterrühren. Fruchtgummimasse abkühlen lassen (siehe Einleitung Seite 5).

✸ Fruchtgummimasse in die vorbereiteten Förmchen geben (siehe Einleitung Seite 5). Im Kühlschrank 3 Stunden abkühlen lassen.

✸ Hasen vorsichtig aus den Formen heben, Stärke mit einem Pinsel entfernen und die Hasen auf einem Teller weitere 3 Stunden fest werden lassen.

Tipp *Anstelle von Limettensirup schmecken die Fruchtgummihasen auch sehr gut mit Granatapfelsirup.*

Freche Himbeer-Kokos-Hasen

Zubereitung

✱ Himbeeren mit Agavendicksaft und Kokosmilch pürieren und durch ein feines Sieb streichen. Mit Agar Agar in einem kleinen Topf mit einem Schneebesen verrühren, aufkochen und 4 Minuten bei milder Hitze kochen lassen.

✱ Inzwischen Vanillezucker und Pektin mischen, mit dem Schneebesen unterrühren und erneut aufkochen. 1 weitere Minute kochen lassen. Fruchtgummimasse abkühlen lassen (siehe Einleitung Seite 5).

✱ Fruchtgummimasse in die vorbereiteten Förmchen geben (siehe Einleitung Seite 5). Im Kühlschrank 3 Stunden abkühlen lassen.

✱ Hasen vorsichtig aus den Formen heben, Stärke mit einem Pinsel entfernen und die Hasen auf einem Teller weitere 3 Stunden fest werden lassen.

Für ca. 200 Gramm Fruchtgummi

100 g Himbeeren (evtl. tiefgekühlt, aufgetaut)

4 EL Agavendicksaft (Naturkostladen)

6 EL ungesüßte Kokosmilch

3 g Agar Agar (z. B. von Rapunzel)

1/2 Pk. Vanillezucker (4 g)

3 g Apfelpektin

Zubereitungszeit: ca. 30 Minuten (plus Wartezeiten)

Rosmarin-Limetten-Wein-Bärchen

Für ca. 200 Gramm Fruchtgummi

2 Zweige Rosmarin

180 ml Weißwein

4 EL Limettensirup (z.B. von Voelkel)

3 EL Agavendicksaft (Naturkostladen)

5 g Agar Agar (z.B. von Rapunzel)

1 g Zitronensäure

1 TL Zucker

4 g Apfelpektin

Zubereitungszeit: ca. 40 Minuten (plus Wartezeiten)

Zubereitung

✸ Rosmarin abspülen und trockenschütteln. Rosmarinnadeln abzupfen und grob hacken. Mit Wein, Limettensirup und Agavendicksaft in einem kleinen Topf zugedeckt aufkochen und 30 Minuten auf der ausgeschalteten Kochstelle ziehen lassen.

✸ Nach Belieben Wein durch ein Sieb abgießen. Agar Agar und Zitronensäure mit einem Schneebesen unterrühren, aufkochen und 4 Minuten bei milder Hitze kochen lassen, abgießen (siehe Tipp).

✸ Inzwischen Zucker und Pektin mischen, mit dem Schneebesen unterrühren und erneut aufkochen. 1 weitere Minute kochen lassen. Fruchtgummimasse abkühlen lassen (siehe Einleitung Seite 5).

✸ Fruchtgummimasse in die vorbereiteten Förmchen geben (siehe Einleitung Seite 5). Im Kühlschrank 3 Stunden abkühlen lassen.

✸ Bärchen aus den Formen heben, Stärke mit einem Pinsel entfernen und die Bärchen weitere 3 Stunden fest werden lassen.

Tipp *Für ein intensiveres Rosmarinaroma einfach den Rosmarin im Wein 1 Stunde ziehen lassen, oder den Wein zusammen mit dem Rosmarin weiterverarbeiten.*

Sweet 'n' spicy

Gewürze geben diesen Rezepten ihren ganz besonderen Reiz: Mit Vanille erblühen Bananen zu betörenden Blumen, Zimtsterne erstrahlen mit Apfel und Holunder am Fruchtgummifirmament. Und Grüntee-Ingwer-Herzen dürfen auch mal eine herbe Note haben!

Bananen-Vanilla-Blumen

Für ca. 200 Gramm Fruchtgummi

100 ml Bananen-Apfel-Saft (z. B. von Voelkel)

5 EL Schlagsahne

4 EL Agavendicksaft (Naturkostladen)

1 EL Limettensirup (z. B. von Voelkel)

3 g Agar Agar (z. B. von Rapunzel)

1/2 Pk. Vanillezucker (4 g)

3 g Apfelpektin

Zubereitungszeit: ca. 30 Minuten (plus Wartezeiten)

Zubereitung

✱ Bananen-Apfel-Saft, Sahne, Agavendicksaft, Limettensirup und Agar Agar in einem kleinen Topf mit einem Schneebesen verrühren, aufkochen und 4 Minuten bei milder Hitze kochen lassen.

✱ Inzwischen Vanillezucker und Pektin mischen, mit dem Schneebesen unterrühren und erneut aufkochen. 1 weitere Minute kochen lassen. Fruchtgummimasse abkühlen lassen (siehe Einleitung Seite 5).

✱ Fruchtgummimasse in die vorbereiteten Förmchen geben (siehe Einleitung Seite 5). Im Kühlschrank 3 Stunden abkühlen lassen.

✱ Blumen vorsichtig aus den Formen heben, Stärke mit einem Pinsel entfernen und die Blumen auf einem Teller weitere 3 Stunden fest werden lassen.

Tipp *Die Fruchtgummis können in schöne Gläser (mit Bügelverschluss) gegeben werden. Mit einem persönlich beschrifteten Klebeetikett hat man ein leckeres Mitbringsel für Einladungen.*

Apfel-Holunder-Zimt-Sterne

Zubereitung

✱ Apfelsaft, Holundersaft und Zimtstange in einem kleinen Topf zugedeckt aufkochen. Auf der ausgeschalteten Kochstelle 20 Minuten durchziehen lassen. Zimtstange entfernen. Honig, Agar Agar und Zitronensäure mit einem Schneebesen einrühren, aufkochen und 4 Minuten bei milder Hitze kochen lassen.

✱ Inzwischen Zucker und Pektin mischen, mit dem Schneebesen unterrühren und erneut aufkochen. 1 weitere Minute kochen lassen. Fruchtgummimasse abkühlen lassen (siehe Einleitung Seite 5).

✱ Fruchtgummimasse in die vorbereiteten Förmchen geben (siehe Einleitung Seite 5). Im Kühlschrank 3 Stunden abkühlen lassen.

✱ Sterne vorsichtig aus den Formen heben, Stärke mit einem Pinsel entfernen und die Sterne auf einem Teller weitere 3 Stunden fest werden lassen.

Für ca. 200 Gramm Fruchtgummi

80 ml Apfelsaft

80 ml Holundersaft

1 Zimtstange (3 cm)

4 EL flüssiger Honig

3 g Agar Agar (z. B. von Rapunzel)

2 g Zitronensäure

1 TL Zucker

3 g Apfelpektin

Zubereitungszeit: ca. 30 Minuten (plus Wartezeiten)

Möhren-Mango-Hasen mit Ingwer

Für ca. 200 Gramm Fruchtgummi

20 g kandierter Ingwer

80 ml Möhrensaft

80 ml Apfel-Mango-Saft (z. B. von Beutelsbacher)

3 EL Agavendicksaft (Naturkostladen)

3 g Agar Agar (z. B. von Rapunzel)

2 g Zitronensäure

1 TL Zucker

3 g Apfelpektin

Zubereitungszeit: ca. 30 Minuten (plus Wartezeiten)

Zubereitung

✸ Ingwer im Möhrensaft fein pürieren. Mit Apfel-Mango-Saft, Agavendicksaft, Agar Agar und Zitronensäure in einem kleinen Topf mit einem Schneebesen verrühren, aufkochen und 4 Minuten bei milder Hitze kochen lassen.

✸ Inzwischen Zucker und Pektin mischen, mit dem Schneebesen unterrühren und erneut aufkochen. 1 weitere Minute kochen lassen. Fruchtgummimasse abkühlen lassen (siehe Einleitung Seite 5).

✸ Fruchtgummimasse in die vorbereiteten Förmchen geben (siehe Einleitung Seite 5). Im Kühlschrank 3 Stunden abkühlen lassen.

✸ Hasen vorsichtig aus den Formen heben, Stärke mit einem Pinsel entfernen und die Hasen auf einem Teller weitere 3 Stunden fest werden lassen.

Tipp *Probieren Sie doch auch einmal andere Förmchen für dieses Rezept – wie wäre es mit Möhren-Mango-Bärchen oder Sternen?*

Hibiskus-Kardamom-Beeren

Für ca. 200 Gramm Fruchtgummi

- 1–2 Kardamomkapseln
- 2 Aufguss-Teebeutel Hagebutten-Hibiskus-Tee
- 3 EL Akazienhonig
- 3 g Agar Agar (z. B. von Rapunzel)
- 2 g Zitronensäure
- 1 TL Zucker
- 3 g Apfelpektin

Zubereitungszeit:
ca. 40 Minuten
(plus Wartezeiten)

Zubereitung

✱ Kardamomkapseln mit der breiten Seite eines großen Messers zerdrücken. Kardamom und Hagebutten-Hibiskus-Tee mit 250 Milliliter kochendem Wasser übergießen und 10 Minuten ziehen lassen. Durch ein Sieb abgießen, Teebeutel dabei gut ausdrücken. 150 Milliliter Hagebutten-Hibiskus-Tee abmessen.

✱ Hagebutten-Hibiskus-Tee, Honig, Agar Agar und Zitronensäure im Topf mit einem Schneebesen verrühren, aufkochen und 4 Minuten bei milder Hitze kochen lassen.

✱ Inzwischen Zucker und Pektin mischen, mit dem Schneebesen unterrühren und erneut aufkochen. 1 weitere Minute kochen lassen. Fruchtgummimasse abkühlen lassen (siehe Einleitung Seite 5).

✱ Fruchtgummimasse in die vorbereiteten Förmchen geben (siehe Einleitung Seite 5). Im Kühlschrank 3 Stunden abkühlen lassen.

✱ Beeren vorsichtig aus den Formen heben, Stärke mit einem Pinsel entfernen und die Beeren auf einem Teller weitere 3 Stunden fest werden lassen.

Glühweinbärchen

Für ca. 200 Gramm Fruchtgummi

300 ml Rotwein

1 Aufgussbeutel Glühweingewürz

4 EL Karamellsirup (z. B. von gepa)

4 g Agar Agar (z. B. von Rapunzel)

3 g Zitronensäure

1 TL Zucker

3 g Apfelpektin

Zubereitungszeit: ca. 40 Minuten (plus Wartezeiten)

Zubereitung

✸ Rotwein und Glühweingewürz in einem kleinen Topf zugedeckt aufkochen und 5 Minuten auf der ausgeschalteten Kochstelle ziehen lassen. Offen bei starker Hitze auf 150 Milliliter einkochen lassen. Gewürzbeutel entfernen, dabei gut ausdrücken.

✸ Glühwein, Karamellsirup, Agar Agar und Zitronensäure in einem kleinen Topf mit einem Schneebesen verrühren, aufkochen und 4 Minuten bei milder Hitze kochen lassen.

✸ Inzwischen Zucker und Pektin mischen, mit dem Schneebesen unterrühren und erneut aufkochen. 1 weitere Minute kochen lassen. Fruchtgummimasse abkühlen lassen (siehe Einleitung Seite 5).

✸ Fruchtgummimasse in die vorbereiteten Förmchen geben (siehe Einleitung Seite 5). Im Kühlschrank 3 Stunden abkühlen lassen.

✸ Bärchen vorsichtig aus den Formen heben, Stärke mit einem Pinsel entfernen und die Bärchen auf einem Teller weitere 3 Stunden fest werden lassen.

Tipp *Für Große kann am Ende von Schritt 3 etwa 1 Esslöffel brauner Rum oder Korn untergerührt werden.*

Grüntee-Ingwer-Herzen

Für ca. 200 Gramm Fruchtgummi

10 g frischer Ingwer

3 Aufguss-Teebeutel grüner Tee

3 EL Agavendicksaft (Naturkostladen)

3 g Agar Agar (z. B. von Rapunzel)

3 g Zitronensäure

1 TL Zucker

3 g Apfelpektin

Zubereitungszeit: ca. 40 Minuten (plus Wartezeiten)

Zubereitung

✸ Ingwer dünn schälen und fein hacken. Ingwer und 200 Milliliter Wasser in einem kleinen Topf zugedeckt aufkochen und 5 Minuten auf der ausgeschalteten Kochstelle ziehen lassen. Teebeutel zugeben und weitere 4 Minuten ziehen lassen. Ingwertee durch ein Sieb abgießen, Teebeutel dabei gut ausdrücken. 150 Milliliter Ingwertee abmessen.

✸ Ingwertee, Agavendicksaft, Agar Agar und Zitronensäure im Topf mit einem Schneebesen verrühren, aufkochen und 4 Minuten bei milder Hitze kochen lassen.

✸ Inzwischen Zucker und Pektin mischen, mit dem Schneebesen unterrühren und erneut aufkochen. 1 weitere Minute kochen lassen. Dann die Masse abkühlen lassen (siehe Einleitung Seite 5).

✸ Fruchtgummimasse in die vorbereiteten Förmchen geben (siehe Einleitung Seite 5). Im Kühlschrank 3 Stunden abkühlen lassen.

✸ Herzen vorsichtig aus den Formen heben, Stärke mit einem Pinsel entfernen und die Herzen weitere 3 Stunden fest werden lassen.

Tipp *Statt Ingwer 1 Stange Zitronengras mit der breiten Seite eines großen Messers zerdrücken und in Stücke schneiden. Wie oben beschrieben weiter verfahren.*

Rezeptregister

Über dieses Buch

Redaktionsleitung
Susanne Kirstein

Projektleitung
Eva Wagner

Layout, Producing
Andreas Rimmelspacher

Bildredaktion
Sabine Kestler

Umschlag- und Verpackungsgestaltung, Sourcing
Norbert Pautner, Berlin

Litho
Artilitho, Lavis (Trento)

Druck und Verarbeitung
Anpak Printing Ltd., Hongkong

Printed in China

FSC www.fsc.org
MIX
Papier aus verantwortungsvollen Quellen
FSC® C017997

Das für diesen Titel verwendete Papier ist FSC®-zertifiziert

ISBN 978-3-517-08744-3
9817 2635 4453 6271

Über den Autor

Kay-Henner Menge ist Diplom-Oecotrophologe und hat sein Hobby Kochen zum Beruf gemacht. Er arbeitet als kochender Redakteur und Foodstylist in der Versuchsküche des Magazins »essen & trinken« aus dem Verlagshaus Gruner + Jahr. Daneben schreibt er Kochbücher zu unterschiedlichen Themen. Bei den Rezepten für dieses Buch trieb ihn besonders seine Leidenschaft zu natürlich-bunten Naschereien an.

Hinweis

Die Ratschläge in diesem Buch sind von Autor und Verlag sorgfältig erwogen und geprüft, dennoch kann eine Garantie nicht übernommen werden. Eine Haftung des Autors bzw. des Verlags und seiner Beauftragten für Personen-, Sach- und Vermögensschäden ist ausgeschlossen.

Impressum

© 2011 by Südwest Verlag, einem Unternehmen der Verlagsgruppe Random House GmbH, 81637 München.
Die Verwertung der Texte und Bilder, auch auszugsweise, ist ohne Zustimmung des Verlags urheberrechtswidrig und strafbar. Dies gilt auch für Vervielfältigungen, Übersetzungen, Mikroverfilmung und für die Verarbeitung mit elektronischen Systemen.

Bildnachweis

Fotografie: Michael Holz, Hamburg

Mein Ratgeberportal – villavitalia.de